Es gibt eine Menge Länder auf der Welt

Die existentielle Poesie des Donald H. Rumsfeld

Zusammengestellt und
herausgegeben von
Hart Seely

Aus dem Amerikanischen
übertragen von
Stefan Gärtner

 Eichborn.

1 2 3 4   05 04 03

© der Originalausgabe: 2003 by Hart Seely
Die Originalausgabe erschien 2003 unter dem Titel
Pieces of Intelligence: The Existential Poetry of Donald H. Rumsfeld
bei Free Press, New York.

© der deutschen Ausgabe: Eichborn AG,
Frankfurt am Main, Juli 2003
Umschlaggestaltung: Christina Hucke
Lektorat: Oliver Thomas Domzalski
Layout und Satz: Susanne Reeh
Druck und Bindung: Clausen & Bosse, Leck
ISBN 3-8218-4872-3

Verlagsverzeichnis schickt gern:
Eichborn Verlag, Kaiserstr. 66, D – 60329 Frankfurt
www.eichborn.de

Inhalt

Einführung

Die Lyrik von D. H. Rumsfeld (so nennen ihn die literarischen Kenner) existierte bisher ausschließlich als gesprochene Sprache. Erst jetzt wird sie erstmals in isolierter und konzentrierter Form niedergeschrieben und für die Nachwelt bewahrt. Sie will laut gelesen werden und weist hierin eine verblüffende Verwandschaft zur modernen afroamerikanischen Straßenpoesie auf – und auch zur »Ilias« und zur »Odyssee«, die durch die Münder vieler Sänger weitergegeben wurden, bevor Homer sie niederschrieb.

Rumsfelds Œuvre entsteht in der mündlichen Improvisation und hatte anfangs als einziges Publikum die abgehärteten Reporter in Washington und die Dauergucker des Nachrichtenkanals C-SPAN. Anders als die meisten modernen Dichter, die sich mit dem Stift in der Hand im Schrank einschließen, ergibt sich Rumsfeld seiner poetischen Muse stets dann, wenn er den Galgenmikrofonen und eisenfesten Interviewern des Washingtoner Pressecorps gegenübertritt. Er verwendet dabei die Technik der integrierten Perfomance: In Pressebriefings und -interviews flicht Rumsfeld in aller Öffentlichkeit Haikus, Sonette, Freien Vers und andere formale Verfestigungen seiner poetischen Phantasie in seine Statements, so daß sich seine Werke untrennbar mit ihrem sprachlichen Biotop verbinden: Seine Verse lassen sich aus den Abschriften seiner Auftritte, die auf der Website des US-Verteidigungsministeriums veröffentlicht werden, nicht mehr entfernen.

Rumsfeld hat seine literarischen Ambitionen stets diskret behandelt, indem er sie hinter der Fassade einer konventionellen Karriere verbarg: Ehemaliger Navy-Pilot, Abgeordneter, Stabschef im Weißen Haus und Manager in der pharmazeutischen Industrie, zu schweigen von seinen zwei Amtsperioden als Verteidigungsminister. Aber diese Stationen lieferten ihm auch die Erfahrungen, derer es bedarf, um aus divergenten Gedanken eine kohärente Message zu machen.

Formal ist Rumsfelds Schaffen von verblüffendem Variantenreichtum geprägt: Bisweilen komponiert er jazzige, lyrische Riffs, die im Rhythmus seiner Kindheit auf den Straßen von Chicago pulsieren; von dort breitet er dann eine homerische Erzählung aus, die uns vor den Launen der Bürokratie warnt. Er verschießt Salven der Ironie mit der Sensibilität eines Cowboys, was manchem genügt, ihn »Amerikas poeta Lasso-atus« zu nennen; oder er führt in Gedichten wie *Das Unbekannte*, seinem wohl verstörendsten Werk, Zen-haft Aufklärung und Gleichmut zusammen, die er wahrscheinlich von seinen vielen Reisen in den Fernen Osten mitgebracht hat. »Es gibt einige Dinge, die wir nicht wissen«, warnt der Dichter. »Aber es gibt auch unbekanntes Unbekanntes.«

Trotz all seiner bekannten und unbekannten Unbekannten handelt *Es gibt eine Menge Länder auf der Welt* weniger von nationalen Angelegenheiten denn vom Dichter selbst. Von der Ära, als Tankstellen »kleine Sachen« in Glaszylindern bereithielten, bis zu den von undichten Stellen perforierten Korridoren des heutigen Washington: Rumsfeld präsentiert sich als Mann, dessen Suche nach wirklichen Antworten schon vor langer Zeit die Art Fragen brauchte, die sich kein Reporter zu stellen traut. »Was in aller Welt mache ich hier eigentlich?« fragt er in *Ein Bekenntnis*. Seine Antwort ist nicht weniger rätselhaft: »Es ist eine große Überraschung« – und nichts weiter.

Manchmal komisch, manchmal düster, ist D. H. Rumsfelds Dichtung stets respektlos, aber immer relevant, strukturell bisweilen beschränkt, aber immer schrankenlos im Anspruch. *Es gibt eine Menge Länder auf der Welt* ist die langerwartete erste Gedichtsammlung des amerikanischen Verteidigungsministers, die präzisionsgelenkte Einsichten mit einer Revolution in Sachen Metaphorik verbindet und den Leser mitnimmt auf eine verblüffende Reise in den Klangraum des gesprochenen Verses.

I.

War is Peace

The Zen Master Poet

Krieg ist Frieden

Der Zen-Dichter

The Unknown

As we know,
There are known knowns.
There are things we know we know.
We also know
There are known unknowns.
That is to say
We know there are some things
We do not know.
But there are also unknown unknowns,
The ones we don't know we don't know.

Feb. 12, 2002, Department of Defense news briefing

≈ ≈ ≈ ≈ ≈

Needless to Say

Needless to say,
The president is correct.
Whatever it was he said.

Feb. 28, 2003, Department of Defense briefing

Das Unbekannte

Wie wir wissen,
Gibt es bekanntes Bekanntes.
Es gibt Dinge, von denen wir wissen, daß wir sie wissen.
Wir wissen auch,
Daß es bekannte Unbekannte gibt.
Ich will damit sagen:
Wir wissen, daß es Dinge gibt,
Die wir nicht wissen.
Aber es gibt auch unbekannte Unbekannte,
Die Dinge, von denen wir nicht wissen,
    daß wir sie nicht kennen.

12. Februar 2002, Pressebriefing im Verteidigungsministerium

≈ ≈ ≈ ≈

Unnötig zu erwähnen

Unnötig zu erwähnen:
Der Präsident hat recht.
Was immer er gesagt hat.

28. Februar 2002, Pressebriefing im Verteidigungsministerium

Polls

Opinion polls go up and down,
They spin like weather vanes.
They're interesting, I suppose.
I don't happen to look.

Sept 8, 2002, interview on CBS »Face the Nation«

≈ ≈ ≈ ≈ ≈

Political Lines, Invisible Lines

Deer and moose and elk
Walk back and forth.
People walk back and forth.
There are a lot of places
You don't even know
Where the border is.

Feb. 23, 2002, interview with the Telegraph

Umfragen

Meinungsumfragen gehen rauf und runter,
Sie drehen sich wie Wetterfahnen.
Sie sind interessant, nehme ich an.
Ich schau' nicht hin.

8. September 2002, Interview bei »Face the Nation«, CBS

≈ ≈ ≈ ≈ ≈

Grenzen

Hirsch und Ren und Elch
Laufen hin und her.
Menschen laufen hin und her.
Es gibt viele Orte,
Wo man nicht mal weiß,
Wo die Grenze ist.
So stehen die Dinge eben.

23. Februar 2002, Interview mit dem »Telegraph«

Chasing the Chicken

If you're chasing the chicken
Around the chicken yard
And you don't have him yet,
And the question is, how close are you?
The answer is, it's tough to characterize
Because there's lots of zigs and zags.

Nov. 14, 2001, with editorial board
of The New York Times

≈ ≈ ≈ ≈ ≈

The End of the World

Puffs of dust
End up crawling
Up your leg
And hitting your knee
Because it's,
There might be
As much as an inch
Or two or three.

April 18, 2002, town hall meeting with troops
at Scott Air Force Base, Ill.

Auf dem Hühnerhof

Wenn du das Huhn
Im Hühnerhof herumjagst,
Und du hast es noch nicht,
Und die Frage ist: Wie dicht bist du dran?
Ist die Antwort: Das ist schwer zu beschreiben,
Denn es gibt eine Menge Zicks und Zacks.

14. November 2001, im Gespräch mit der Chefredaktion
der »New York Times«

≈ ≈ ≈ ≈ ≈

Das Ende der Welt

Staubwolken
Kriechen schließlich
Dein Bein hoch
Bis zum Knie
Weil es,
Vielleicht ist's
Ein Inch
Oder zwei oder drei.

18. April 2002, Ansprache auf der Scott Air Force Base, Illinois

Changing

I don't find it hard to change,
But some people seem to,
And some countries seem to,
And some institutions seem to.
But it is particularly important.

Sept. 22, 2002, media availability en route to Poland

≈ ≈ ≈ ≈ ≈

Not Telling

I don't know precisely where it stands.
I do know who is responsible for it
And that it's in process,
But where it stands today -
Do you know?
I think, you know.

Dec. 3, 2002, Department of Defense news briefing

Reformbereitschaft

Ich find's nicht schwer, sich zu ändern,
Aber manche Menschen anscheinend,
Und anscheinend manche Länder,
Und anscheinend manche Institutionen.
Dabei ist es besonders wichtig.

22. September, zu Reportern, auf dem Weg nach Polen

≈ ≈ ≈ ≈ ≈

Ich sag's nicht

Ich kenne den Stand der Dinge nicht genau.
Ich weiß aber, wer verantwortlich ist,
Und daß es seinen Gang geht,
Aber wie die Dinge heute stehen –
Wissen Sie's?
Ich glaube, Sie wissen es.

3. Dezember 2002, Pressebriefing im Verteidigungsministerium

It

It's enormous.
It's not September 11th,
It's September 11th, cubed and squared.
I'd have to really go back
Mathematically
And see what cubed and squared
Would produce.
Do you know?

July 19, 2002, interview with Washington Times

≈ ≈ ≈ ≈ ≈

What It Will Take

The truth is, look:
If something is going to happen,
There has to be something
For it to happen with
That's interested in having it happen.

June 27, 2002, interview with The Washington Times

Es

Es ist monströs.
Es ist nicht der 11. September,
Es ist der 11. September hoch drei und zum Quadrat.
Ich müßte mal wirklich im Gedächtnis kramen,
Mathematisch,
Und schauen, was hoch drei und zum Quadrat
Ergeben würde.
Wissen Sie's?

19. Juli 2002, Interview mit der Washington Times

≈ ≈ ≈ ≈ ≈

Voraussetzungen

Die Wahrheit, sehen Sie, ist:
Sollte etwas passieren,
Dann muß da etwas sein,
Mit dem es zusammen passiert,
Das ein Interesse daran hat, es passieren zu lassen.

27. Juni 2002, Interview mit der Washington Times

In the Red Sea

The Red Sea begins and ends.
And then there's an area
Just beyond the Red Sea,
And it may very well be
That people choose to do it
Before they get in the Red Sea
Or after they're in there-
Possibly, probably, certainly.

Dec. 9, 2002, to reporters, en route to Eritrea

≈ ≈ ≈ ≈ ≈

Unanimity

Now,
Is here unanimity?
No.
Did anyone ever expect unanimity?
No.
Life isn't like that.

March 6, 2003, interview with CNBC

Im Roten Meer

Das Rote Meer fängt an und hört auf.
Und dann ist da ein Gebiet
Grad hinter dem Roten Meer,
Und es kann gut sein,
Daß Leute es tun wollen,
Bevor sie ins Rote Meer steigen,
Oder nachdem sie drin sind –
Möglicherweise, wahrscheinlich, bestimmt.

9. Dezember 2002, zu Reportern, auf dem Weg nach Eritrea

≈ ≈ ≈ ≈ ≈

Einmütigkeit

Nun,
Besteht hier Einmütigkeit?
Nein.
Hat jemand jemals Einmütigkeit erwartet?
Nein.
Das Leben ist nicht so.

6. März 2003, Interview mit CNBC

Doing the Doable

What we are doing
Is that which is doable
In the way we're currently doing it.

Oct. 8, 2001, Department of Defense briefing

≈ ≈ ≈ ≈ ≈

Doing the Capable

The United States isn't going to do anything
That it's not capable of doing.
And if we do something,
We'll be capable of doing it.

May 23, 2002, interview with Wolf Blitzer on CNN

Das Machbare machen

Was wir tun,
Ist das, was machbar ist
Auf die Art, wie wir's im Moment machen.

8. Oktober 2001, Pressebriefing im Verteidigungsministerium

≈ ≈ ≈ ≈ ≈

Das Tubare tun

Die Vereinigten Staaten werden nichts tun,
Das sie nicht fähig sind zu tun.
Und wenn wir etwas tun,
Dann sind wir auch fähig dazu.

23. Mai 2002, Interview mit Wolf Blitzer auf CNN

End Zen

How does it end?
It ends,
That's all.

Feb. 28, 2003, Department of Defense briefing

Die Schluß-Zentenz

Wie hört es auf?
Es hört auf.
Das ist alles.

28. Februar 2003, Pressebriefing im Verteidigungsministerium

II. Three Haikus

In Command

A government is
Governing or it's not. And
If not, someone else is.

March 23, 2003, on NBC's »Meet the Press«

≈ ≈ ≈ ≈ ≈

Evasion Haiku

I'm working my way
Over to figuring out
How I won't answer.

Dec. 3, 2002, Department of Defense news briefing

≈ ≈ ≈ ≈ ≈

Impatience

It takes too long for
Anything to happen, as
Far as I'm concerned.

Nov. 12, 2002, Pentagon Town Hall Meeting

II. Drei Haikus

Auf der Brücke

Eine Regierung
Regiert oder nicht. Und
Falls nicht, tut's jemand anderes.

23. März 2003 in »Meet the Press«, NBC

≈ ≈ ≈ ≈ ≈

Ausweich-Haiku

Ich arbeite darauf
Hin, herauszufinden,
Wie ich nicht antworte.

3. Dezember 2002, Pressebriefing im Verteidungministerium

≈ ≈ ≈ ≈ ≈

Ungeduld

Es dauert zu lang, bis
Irgendwas passiert, für
Meinen Geschmack.

12. November 2002, Vollversammlung im Pentagon

III.

East is East and
West is West,
but in Private Conversations,
They're Really Behind Us

Seven Sonnets

Osten ist Osten und
Westen ist Westen,
aber was
Privatgespräche angeht,
kommen sie nicht mit

Sieben Sonette

Glass Box

You know, it's the old glass box at the –
At the gas station,
Where you're using those little things
Trying to pick up the prize,
And you can't find it. It's –

And it's all these arms are going down in there,
And so you keep dropping it
And picking it up again and moving it, but –

Some of you are probably
Too young to remember those –
Those glass boxes, but –

But they used to have them
At all the gas stations
When I was a kid.

Dec. 6, 2001, Department of Defense news briefing

≈   28   ≈

Glaskasten

Wissen Sie, das ist der alte Glaskasten an der –
An der Tankstelle,
Wo man diese kleinen Dinger benutzt,
Um den Gewinn hochzuziehen,
Und man findet ihn nicht. Das ist –

Und all diese Arme gehen da rein,
Und dauernd läßt man es fallen
Und zieht es wieder hoch und bewegt es, aber –

Manche von Ihnen sind wahrscheinlich
Zu jung, um sich zu erinnern an diese –
Diese Glaskästen, aber –

Aber es gab sie
An allen Tankstellen,
Als ich ein Kind war.

6. Dezember 2001, Pressebriefing im Verteidigungsministerium

Before Air Conditioning

I don't know how many times
I've been to Guantanamo Bay,
But it's a lot,
And it frequently was in the summer
When I was Navy pilot,
And that was back in the days before air-conditioning.

And it's just amazing,
But people do fine. I mean,
There are a lot of people in Cuba
With no air-conditioning.
I know that will come as a surprise!
But I was in Washington before there was
            air-conditioning

And the windows used to [be] open!
It's amazing.

Jan. 22, 2002, Department of Defense news briefing

Vor der Klimaanlage

Ich weiß nicht wie oft
Ich in Guantanamo Bay war,
Aber es war oft,
Und häufig war es im Sommer,
Als ich Navy-Pilot war,
Und das war damals in der Zeit vor der Klimaanlage.

Und es ist einfach erstaunlich,
Aber die Menschen kommen zurecht. Ich meine,
Es gibt viele Menschen in Kuba
Ohne Klimaanlage.
Ich weiß, das überrascht Sie jetzt!
Aber ich war in Washington, bevor es
        Klimaanlagen gab,

Und die Fenster waren offen!
Es ist erstaunlich.

22. Januar 2002, Pressebriefing im Verteidigungsministerium

Happenings

You're going to be told lots of things.
You get told things every day
that don't happen.

It doesn't seem to bother people, they don't –
It's printed in the press.
The world thinks all these things happen.
They never happened.

Everyone's so eager to get the story
Before in fact the story's there
That the world is constantly being fed
Things that haven't happened.

All I can tell you is,
It hasn't happened.

It's going to happen.

Feb. 28, 2003, Department of Defense briefing

Ereignisse

Man wird Ihnen eine Menge Sachen erzählen.
Man bekommt jeden Tag Sachen erzählt,
Die nicht passieren.

Anscheinend stört das die Leute nicht, sie –
Es steht gedruckt in der Zeitung.
Die Welt glaubt, alle diese Sachen passieren.
Sie sind nie passiert.

Jeder ist so wild darauf, die Story zu kriegen,
Bevor die Story tatsächlich da ist,
Daß die Welt andauernd gefüttert wird
Mit Sachen, die nicht passiert sind.

Alles, was ich Ihnen sagen kann, ist,
Daß es nicht passiert ist.

Es wird passieren.

28. Februar 2003, Pressebriefing im Verteidigungsministerium

World View

One or two or three or four countries
Have stood up and opposed it,
And that is considered »the world« by people
For some unknown reason to me.
It's utter nonsense.
That's not the world.

Those are important countries.
Many of them are good friends of ours.
And they have a different opinion,
And that's fair enough. And God bless them.
They ought to say what they think,
And they ought to do what they think.

But they are not the world.
There are lots of countries in the world.

March 6, 2003, interview with CNBC

Weltsicht

Ein oder zwei oder drei oder vier Länder
Sind aufgestanden und haben opponiert,
Und das wird von den Leuten für »die Welt« gehalten
Aus mir unbekannten Gründen.
Das ist totaler Unsinn.
Das ist nicht die Welt.

Das sind wichtige Länder.
Viele davon sind gute Freunde von uns.
Und sie haben eine andere Meinung,
Und das ist nur gut so. Und Gott schütze sie.
Sie sollten sagen, was sie denken,
Und sie sollten machen, was sie denken.

Aber sie sind nicht die Welt.
Es gibt eine Menge Länder auf der Welt.

6. März 2003, Interview mit CNBC

And Then It Leaks

Hundreds of things in this department
Start with an idea,
Here or here or here.
They then work their way around
With other countries –
If it involves other countries –
And then they start moving up a process ... and
        then it leaks.

And everyone in the world thinks it's this,
And then it goes up another,
And it gets changed and fixed ... and
        then it leaks again.

And it's different.
And then finally something gets decided,
And it's been fully vetted in the world
More than it probably needed ... and
        then something happens.

Feb. 28, 2003, Department of Defense briefing

Und dann ein Leck

Hunderte Sachen in dieser Abteilung
Beginnen mit einer Idee,
Hier oder hier oder hier.
Die machen dann die Runde
Durch andere Länder –
Falls es andere Länder angeht –,
Und dann bringen sie was ins Rollen ... und
        dann sickert was durch.

Und alle Welt glaubt, das ist es,
Und dann geht's noch eins rauf,
Und es wird geändert und dran geschraubt ... und
        wieder sickert was durch.

Und es ist anders.
Und schließlich wird dann was entschieden,
Und die ganze Welt hat's auf Herz und Nieren geprüft,
Mehr als wahrscheinlich nötig ... und
        dann passiert was.

28. Februar 2003, Pressebriefing im Verteidigungsministerium

The Economy of Oil

If a bad person owns the oil
And a good person owns the oil, different oil,
And the bad person doesn't want to sell it to you,
But the good person is willing to, it doesn't matter.

Because then the good person sells it to you.
You're not going to be buying this person's oil,
But this person's going to be selling it
To somebody else.
And the world price will be the same.

Everyone will have the oil they need.
They aren't going to horde it.
They're not going to keep it in the ground.

They need the money from the oil.
So it's not a problem.

Feb. 25, 2003, interview with Al Jazeera, in response to a question
about a potential oil boycott

Die Ökonomie des Öls

Wenn einem schlechten Menschen das Öl gehört
Und einem guten Menschen das Öl gehört,
      anderes Öl,
Und der schlechte Mensch will's einem nicht
      verkaufen,
Aber der gute Mensch schon, ist das egal.

Denn dann verkauft's einem der gute Mensch.
Du wirst das Öl dieses Menschen nicht kaufen,
Aber dieser Mensch wird es
Jemand anderem verkaufen.
Und der Weltmarktpreis bleibt derselbe.
Jeder wird das Öl haben, das er braucht.
Sie werden's nicht bunkern.
Sie werden's nicht im Boden lassen.

Sie brauchen das Geld aus dem Öl.
Es ist also kein Problem.

25. Februar 2003, in einem Interview mit Al-Jazeera auf die Frage
nach einem möglichen Ölboykott

Bad Only If They Ask

The Vice President has
Absolutely no economic interest
In any company
That he was ever connected with.
I have no economic interest.

None of the other people
Serving in the government
Have an economic interest
In any company
They were previously associated with.

Therefore, it ought not to look bad.
It only will look bad
If people raise the question
And say it looks bad.
It does not look bad.

July 15, 2002, interview with CNBC

Nur schlecht, wenn sie fragen

Der Vizepräsident hat
Absolut keine wirtschaftlichen Interessen
In irgendeiner Firma,
Zu der er jemals Verbindungen hatte.
Ich habe keine wirtschaftlichen Interessen.

Keiner von den anderen,
Die ihren Dienst in der Regierung tun,
Hat wirtschaftliche Interessen
In irgendeiner Firma,
An der er früher beteiligt war.

Es sollte deshalb keinen schlechten Eindruck machen.
Es macht nur einen schlechten Eindruck,
Wenn die Leute Fragen stellen
Und sagen, es macht einen schlechten Eindruck.
Es macht keinen schlechten Eindruck.

15. Juli 2002, Interview mit CNBC

IV.

*A Rose is a Rose, Unless
the President Says Otherwise*

Lyrical Poems

Eine Rose ist eine Rose,
es sei denn,
der Präsident sagt
was anderes

Lyrische Dichtung

Perfection

Nothing we have,
Nothing in the defense establishment,
Nothing you own in your homes
Is perfect.
Your cars aren't perfect.
Your bikes aren't perfect.
Our eyeglasses aren't perfect.
We live with that all the time.
Does that –
If you cannot do everything,
Does that mean you should not do anything?

Dec. 13, 2001, Department of Defense news briefing

≈ ≈ ≈ ≈ ≈

Always Hard

It's always hard.
It's always hard.
Change is hard for people.
We know that.

You get up in the morning
And the first thing you want to do,
You don't want to change,
You want to do what you're doing.

May 20, 2002, interview with CNBC

Perfektion

Nichts was wir haben,
Nichts im Verteidigungswesen,
Nichts was ihr zuhause habt
Ist perfekt.
Eure Autos sind nicht perfekt.
Eure Räder sind nicht perfekt.
Unsere Brillen sind nicht perfekt.
Damit leben wir die ganze Zeit.
Heißt das –
Wenn man nicht alles machen kann,
Heißt das, daß man nichts machen sollte?

13. Dezember 2001, Pressebriefing im Verteidigungsministerium

≈ ≈ ≈ ≈ ≈

Immer hart

Es ist immer hart.
Es ist immer hart.
Veränderung ist hart für die Leute.
Wir wissen das.

Du stehst morgens auf,
Und das erste was du willst ist,
Du willst dich nicht ändern,
Du willst machen, was du grad machst.

20. März 2002, Interview mit CNBC

Clarity

I think what you'll find,
I think what you'll find is,
Whatever it is we do substantively,
There will be near-perfect clarity
As to what it is.

And it will be known,
And it will be known to the Congress,
And it will be known to you,
Probably before we decide it,
But it will be known.

Feb. 28, 2003, Department of Defense briefing

≈ ≈ ≈ ≈ ≈

By Golly

Military people are organized,
They're capable,
And when the president says,
»Let's go do that!«
We say »Fine!«
I said, »Fine!«
I'm not stupid.
But I also said, »By golly.«

April 18, 2002, town hall meeting with troops
at Scott Air Force Base, Ill.

Klarheit

Ich glaube, Sie werden feststellen,
Ich glaube, Sie werden feststellen, daß
Was immer wir substantiell tun,
Da wird beinah perfekte Klarheit sein
Hinsichtlich dessen, was es ist.

Und es wird bekannt sein,
Und es wird dem Kongreß bekannt sein,
Und es wird Ihnen bekannt sein,
Wahrscheinlich bevor wir es entscheiden,
Aber es wird bekannt sein.

28. Februar 2003, Pressebriefing im Verteidigungsministerium

≈ ≈ ≈ ≈ ≈

Mannomann

Militärs sind organisiert,
Sie sind fähig,
Und wenn der Präsident sagt:
»Auf geht's, wir machen das!«,
Dann sagen wir »Prima!«.
Ich hab gesagt: »Prima!«
Ich bin nicht blöd.
Aber ich hab auch gesagt: »Mannomann!«

18. April 2002, Ansprache vor Angehörigen
der Scott Air Force Base, Illinois

Diggin' the Feeling

I like the feeling,
The idea of beginning,
And putting something in the ground!
Or in the air!
Or at sea!
And getting comfortable with it.
And using it!
And testing it!
And learning from that.
A lot of things
Just don't arrive
Fully developed, full-blown.
And there it is!

Dec. 12, 2002, press conference in Qatar

≈ ≈ ≈ ≈ ≈

When

You're going to embarrass me
Because I can't remember
If it was yesterday
Or the day before.
I have certainly signed an order,
A deployment order,
With respect to the movement of forces.
And I just honestly do not remember when.

Sept. 20, 2001, Department of Defense briefing

Wühlen in Gefühlen

Ich mag das Gefühl,
Die Idee des Beginnens
Und etwas in die Erde zu bringen!
Oder in die Luft!
Oder auf See!
Und langsam zufrieden damit zu sein.
Und es zu benutzen!
Und auszuprobieren!
Und daraus zu lernen.
Viele Dinge
Kommen nicht einfach so,
Voll entwickelt und ausgereift.
Und da ist es.

12. Dezember 2002, Pressekonferenz in Katar

≈ ≈ ≈ ≈ ≈

Wann

Sie machen mich noch verlegen,
Denn ich kann mich nicht erinnern,
Ob es gestern war
Oder vorgestern.
Ich habe bestimmt einen Befehl unterzeichnet,
Einen Einsatzbefehl
Hinsichtlich der Truppenbewegung.
Und ich erinnere mich ehrlich nicht, wann.

20. September 2001, Pressebriefing im Verteidigungsministerium

So Many Things That Could Happen

You know …
Who knows what's going to happen in the U.N.?
Who knows what could happen on the ground?
There are so many different things that could happen.

You know …
As we're meeting, he could decide to leave the country.
It's a nice thought.
Someone could decide to help him leave the country.
Not a bad thought.
I just don't know.
There are so many things that could happen

Feb. 25, 2002, remarks to the Hoover Institution

Was alles passieren kann

Wissen Sie …
Wer weiß, was in der UNO passieren wird?
Wer weiß, was auf dem Spielfeld passieren könnte?
Da gibt's soviel, das passieren kann.

Ja …
Während wir uns hier treffen, entschließt er sich
      vielleicht dazu, das Land zu verlassen.
Das ist ein netter Gedanke.
Jemand könnte sich dazu entschließen, ihm aus dem
Land zu helfen.
Kein schlechter Gedanke.
Ich weiß ja auch nicht.
Es kann so viel passieren.

25. Februar 2002, vor der Hoover Institution*

---

*   Hoover Institution: ein Think Tank auf dem Campus der
Stanford University (Anm. d. Übers.)

V.

Six Poems
on the Media

Sechs Gedichte
über die Medien

This Rotten World

In this world of ours
If you get up in the morning
You're running a risk
Of having someone lie
And someone mischaracterize
What it is you're doing.

Oct. 7, 2001, briefing on »Enduring Freedom«

≈ ≈ ≈ ≈

Not My Fault

The problem is
That people think
That news is something
That is announced
Before it happens,
As opposed to something
That is reported
When it does happen.
And I can't help that.

Feb. 28, 2003, Department of Defense briefing

Diese verkommene Welt

Wenn man morgens aufsteht
In dieser unserer Welt,
Geht man das Risiko ein,
Daß man einen hat, der lügt,
Und einen, der falsch beschreibt,
Was man macht.

7. Oktober 2001, Lagesprechung »Enduring Freedom«

≈ ≈ ≈ ≈ ≈

Nicht meine Schuld

Das Problem ist,
Daß die Leute denken,
Daß Nachrichten etwas sind,
Was verkündet wird,
Bevor es passiert,
Im Gegensatz zu etwas,
Das berichtet wird,
Wenn es passiert.
Und da kann ich nichts machen.

28. Februar 2003, Lagesprechung im Verteidigungsministerium

The Story

I was briefed on that story before I came down.
I have not gone over it.
It's interesting.
Let me try to put it in context,
And then I'll see if I can answer it.
I have no idea what it's about.

Dec. 12, 2002, press conference in Qatar

≈ ≈ ≈ ≈ ≈

Not for Me

There have been a number of editorials.
I have seen one editorial
And one op-ed piece.
And on the other hand
I don't read them.

Nov. 18, media availability en route to Chile

Die Sache da

Man hat mich über die Sache da informiert,
      bevor ich heruntergekommen bin.
Ich bin sie noch nicht durchgegangen.
Sie ist interessant.
Lassen Sie mich versuchen, sie in einen
      Kontext zu bringen,
Und dann schau ich, ob ich sie beantworten kann.
Ich hab keine Ahnung, worum es geht.

12. Dezember 2002, Pressekonferenz in Katar

≈ ≈ ≈ ≈ ≈

Nicht für mich

Es hat eine Reihe von Leitartikeln gegeben.
Ich habe einen Leitartikel gesehen
Und einen Kommentar.
Und andererseits
Lese ich sie nicht.

18. November, zu Reportern, auf dem Weg nach Chile

Cheating Woman

She said she had a question
And she asked three.
I asked for an easy one
And she gave me a tough three.

April 26, meeting with troops in Kyrgyszstan

≈ ≈ ≈ ≈ ≈

Template for Success

I think I probably said
To The Washington Post,
Although I don't recall precisely
What I said,
But I'm sure it's roughly
What I say all the time.

June 4, 2002, Department of Defense news briefing

Betrügerisches Weib

Sie sagte, sie habe eine Frage,
Und sie stellte drei.
Ich bat um eine einfache,
Und sie knallte mir drei schwere hin.

26. April, beim Truppenbesuch in Kirgisistan

≈ ≈ ≈ ≈ ≈

Erfolgsmuster

Ich glaube, ich hab der Washington Post
Wahrscheinlich gesagt,
Obwohl ich mich nicht präzise erinnern kann,
Was ich gesagt habe,
Aber ich bin sicher, im groben das,
Was ich die ganze Zeit sage.

4. Juni 2002, Pressebriefing im Verteidigungsministerium

VI.

*Because I Could Not Stop
For Death, He Kindly Stopped
for Saddam*

Free Verse

Der Tod ist groß,
wir sind die Seinen,
und Saddam auch

Freier Vers

Iraq

It's an enormous country.
You know, it's bigger than Texas,
Or as big, I guess.
I haven't looked lately,
But it is a very big place.

Dec. 23, 2002, Department of Defense news briefing

≈ ≈ ≈ ≈ ≈

Not Well

We're not doing that well,
And of course, the reason is
It's not an even playing field.
We're a democracy
And they're a dictatorship.

So they control their ground,
And they manage the press,
And they lie repeatedly.
And we don't manage the press,
We don't lie –

No, we don't at all.

March 6, 2003, interview with CNBC

Irak

Es ist ein riesiges Land.
Es ist größer als Texas, nicht wahr,
Oder genauso groß, schätze ich.
Ich hab in letzter Zeit nicht geschaut,
Aber es ist ein sehr großer Ort.

23. Dezember 2002, Pressebriefing im Verteidigungsminsterium

≈ ≈ ≈ ≈ ≈

Nicht gut

Es läuft nicht so gut,
Und natürlich ist der Grund,
Daß das Spielfeld nicht eben ist.
Wir sind eine Demokratie,
Und sie sind eine Diktatur.

Also kontrollieren sie ihr Feld,
Und sie haben die Presse in der Hand,
Und sie lügen immer wieder.
Und wir haben die Presse nicht in der Hand,
Wir lügen nicht –

Nein, überhaupt nicht.

6. März 2003, Interview mit CNBC

Observation of the System

It's hard enough just to keep track
Of the things that are really happening,
Without having to worry about
All the things that aren't really happening.

May 1, 2002, Department of Defense news briefing

≈ ≈ ≈ ≈ ≈

Central Question

It's awfully hard to know,
In fact, it's impossible to know,
Unless one just speculates.
I don't know how many people
Who live in an exceedingly repressive regime
Actually like it.

Feb. 25, 2002, remarks to the Hoover Institution

Beobachtung des Systems

Es ist schwer genug, allein das im Auge zu behalten,
Was wirklich passiert,
Ohne sich über all das Gedanken machen zu müssen,
Was nicht wirklich passiert.

1. Mai 2002, Pressebriefing im Verteidigungsministerium

≈ ≈ ≈ ≈ ≈

Kernfrage

Es ist unheimlich schwer, sich auszukennen,
Es ist tatsächlich unmöglich, sich auszukennen,
Es sei denn, man spekuliert einfach.
Ich weiß nicht, wie viele Leute,
Die in einem äußerst repressiven Regime leben,
Es eigentlich mögen.

25. Februar 2002, vor der Hoover Institution

Balloons and Music

You saw what happened in Afghanistan:
The people went out in the streets,
And they were joyous
And they had balloons
And they played music
And they welcomed the U.S.
Because everyone knows
The United States doesn't want to occupy Iraq.

Dec. 4, 2002, interview with Al Hayat LBC TV

≈ ≈ ≈ ≈ ≈

Nothing to Do With That

Nonsense!
It just isn't!
There are certain things like that,
Myths that are floating around.
I'm glad you asked.
It has nothing to do with oil,
Literally nothing to do with oil!

Nov. 14, 2002, interview with Steve Croft, Infinity
CBS Radio Connect

Ballons und Musik

Sie haben gesehen, was in Afghanistan war:
Die Menschen sind auf die Straße gegangen,
Und sie waren freudig,
Und sie hatten Ballons,
Und sie spielten Musik
Und hießen die USA willkommen,
Weil jeder weiß,
Daß die Vereinigten Staaten den Irak
        nicht besetzen wollen.

4. Dezember 2002, Interview mit Al Hayat LBC TV

≈ ≈ ≈ ≈ ≈

Nichts damit zu tun

Unsinn!
Ist es einfach nicht!
Da gibt es so gewisse Dinge,
Mythen, die die Runde machen.
Ich bin froh, daß Sie gefragt haben.
Es hat nichts mit Öl zu tun,
Buchstäblich nichts mit Öl zu tun!

14. November 2002, Interview mit Steve Croft, Infinity CBS Radio

Chicago

What's your definition of security?
I read yesterday,
I think there were something
Like six hundred and sixty-six murders
In Chicago last year,
In a city,
Not a country.
Is that security?
Yes.
I lived in Chicago
And I think it's a great city.
I love it.

Dec. 12, 2002, press conference in Qatar

≈ ≈ ≈ ≈ ≈

Behind the Curve

What happens in life is
In any one year
You can get by
Without making the necessary investments.
People do this in their own houses.
The roof leaks a little bit -
»Well, I'll fix it next year.«
You do that for very many years
And you're behind the curve.

Dec. 12, 2002, in Town Hall Meeting in Doha, Qatar

Chicago

Was ist Ihre Definition von Sicherheit?
Ich las gestern,
Ich glaube, es gab irgendwas
Mit sechshundertsechsundsechzig Morden
In Chicago letztes Jahr,
In einer Stadt,
Nicht einem Land.
Ist das Sicherheit?
Ja.
Ich habe in Chicago gelebt,
Und ich glaube, es ist eine großartige Stadt.
Ich liebe es.

12. Dezember 2002, Pressekonferenz in Katar

≈ ≈ ≈ ≈ ≈

Aus der Kurve

Im Leben ist es so:
In irgendeinem Jahr
Kann man mal zurechtkommen,
Ohne die nötigen Investitionen zu tätigen.
Die Leute machen das bei sich zu Hause.
Das Dach leckt ein wenig –
»Na, ich reparier's nächstes Jahr.«
Man macht das sehr viele Jahre lang
Und kriegt dann die Kurve nicht mehr.

12. Dezember 2002, in Doha, Katar

Freight Train

Every day I get up
And I go into a meeting
And someone starts telling me
About something that started
A year and a half ago,
Two years ago,
Three years ago.
A freight train got filled
And it's coming across the country,
And here it is right now,
And you get to look at it,
But you can't change it
Because it was loaded
Two and a half years ago.

April 18, 2002, town hall meeting with troops
at Scott Air Force Base, Ill.

Güterzug

Jeden Tag steh ich auf
Und geh in eine Sitzung,
Und jemand fängt an, mir
Von was zu erzählen, das vor
Anderthalb Jahren angefangen hat,
Vor zwei Jahren,
vor drei Jahren.
Ein Güterzug ist beladen worden,
Und er kommt durchs Land,
Und eben grad ist er hier,
Und man geht hin und guckt,
Aber man kann's nicht ändern,
Weil er vor zweieinhalb Jahren
Beladen worden ist.

18. April 2002, Ansprache auf der Scott Air Force Base, Illinois

From Mars

The fact of the matter -
The facts of the matter are there.
They're clear.
And I think that there's no question but
That if someone looked down from Mars
On the United States
For the last three days,
They would conclude that America
Is what's wrong with the world.
America is not what's wrong with the world.

Jan. 22, 2002, Department of Defense news briefing

≈ ≈ ≈ ≈ ≈

Lovely Lady

I would like to interrupt.
Since you brought up General Myers,
Do you remember the day in here when
General Myers said,
»Even my wife understands it?«

I'd like to introduce his wife.
Mary Jo, would you stand up?
There she is.
Look at that lovely lady.

June 27, 2002, media stakeout following meeting at the Senate

Vom Mars

Tatsache ist –
Die Tatsachen sind da.
Sie sind klar.
Und ich glaube, das steht außer Frage, außer
Daß, wenn wer vom Mars aus
Die vergangenen drei Tage
Auf die Vereinigten Staaten runterschauen würde,
Er zu dem Schluß käme, daß Amerika
Das ist, was falsch ist an der Welt.
Amerika ist nicht das, was falsch ist an der Welt.

22. Januar 2002, Pressebriefing im Verteidigungsministerium

≈ ≈ ≈ ≈ ≈

Schöne Dame

Ich würde gerne unterbrechen.
Da Sie auf General Myers zu sprechen kamen,
Erinnern Sie sich an den Tag, als General Myers sagte:
»Das versteht sogar meine Frau«?

Ich würde gerne seine Frau vorstellen.
Mary Jo, würdest Du mal aufstehen?
Das ist sie.
Schauen Sie nur, diese schöne Dame.

27. Juni 2002, vor der Presse, nach einer Senatssitzung

VII.

Songs of Myself
Von mir über mich

The Author

I will start by saying,
»I'm Don Rumsfeld,
»Dutifully saying
›I am Don Rumsfeld‹.«
My affiliation is
The United States of America,
Ex of Chicago.

June 7, 2001, press conference after NATO meeting

≈ ≈ ≈ ≈ ≈

A Confession

Once in a while,
I'm standing here, doing something.
And I think,
«What in the world am I doing here?"
It's a big surprise.

May 16, 2001, interview with the New York Times

Der Autor

Zu Beginn möchte ich sagen:
»Ich bin Don Rumsfeld
und sage pflichtschuldig
›Ich bin Don Rumsfeld‹.«
Meine Mitgliedschaft ist
Bei den Vereinigten Staaten von Amerika,
Ehemals Chicago.

7. Juni 2001, Pressekonferenz nach einer NATO-Sitzung

≈ ≈ ≈ ≈ ≈

Ein Bekenntnis

Ab und zu
Stehe ich hier, mache irgendwas.
Und denke:
»Was in aller Welt mache ich hier eigentlich?«
Es ist eine große Überraschung.

16. Mai 2001, Interview mit der New York Times

Question Mark

I don't remember
That I've ever thought of anything
Original in my life.
I go around with people
Who are smarter than I am,
That know more than I do
And have done things I haven't done
And asked questions
And talked to them
And figure out what I think.

And when I figure out what I think,
I will then talk to other people about it.
And we end up on the phone
And I'll say what about this?
What about that?
What about this?
What about that?
And he'll have ideas
And we'll talk about things

And ultimately out of that interactive process
Comes what happened.

And trying to –
It's like trying to take a rubber band ball
And a string knot
And say how do you follow it through
As to where something came from.
I don't know where it came from.

Jan. 14, interview with Newsweek

Fragezeichen

Ich erinnere mich nicht,
daß ich mir in meinem Leben
je etwas Originelles überlegt hätte.
Ich gebe mich mit Leuten ab,
Die klüger sind als ich,
Die mehr wissen als ich
Und Dinge getan haben, die ich nicht getan habe,
Und habe Fragen gestellt,
Und mit ihnen gesprochen,
Und finde heraus, was ich denke.

Und wenn ich herausfinde, was ich denke,
Spreche ich dann mit anderen Leuten darüber.
Und wir enden am Telefon,
Und ich sage, was ist hiermit?
Was ist damit?
Was ist hiermit?
Was ist damit?
Und wir haben Einfälle,
Und wir reden,
Und schließlich kommt bei diesem interaktiven
        Prozesses
Heraus, was passiert ist.

Und zu versuchen –
Als nähme man ein Knäuel Gummibänder
Und einen verknoteten Bindfaden
Und sagte, wie kommt man zum Anfang,
Wie eben zum Anfang von irgendwas.
Ich weiß nicht, wie es anfing.

14. Januar, Interview mit Newsweek

Meat

I now just got
The wrap-up signal.
Really I'm just
A piece of meat.
They just move me
From here to there.

June 7, 2002, with troops at Geilenkirchen, Germany

≈ ≈ ≈ ≈ ≈

Gerbil

I feel like a gerbil.
I get on that thing
And I run like hell.

May 17, 2002, interview with Armed Forces
Radio and Television Service

≈ ≈ ≈ ≈ ≈

Uh Oh

I can't remember.
I might have.
Hope I did.
If I didn't,
I should have.

Sept. 24, 2002, news conference in Poland

Fleisch

Eben grad bekam ich
Das Signal zum Zusammenpacken.
Wirklich, ich bin
Nur ein Stück Fleisch.
Sie tun mich einfach
Hierhin und dorthin.

7. Juni 2002, beim Truppenbesuch in Geilenkirchen

≈ ≈ ≈ ≈ ≈

Springmaus

Ich fühl mich wie eine Springmaus.
Ich geh das an
Und renne wie der Teufel.

*17. Mai 2002, Interview mit Armed Forces
Radio and Television Service*

≈ ≈ ≈ ≈ ≈

Ah oh

Ich weiß nicht mehr.
Vielleicht hab ich.
Hoffe ich hab.
Falls nicht,
Hätte ich sollen.

24. September 2002, Pressekonferenz in Polen

Rappin' 'Bout My 'Tude

I don't get furious.
No!
I get cool.
I get angry!
But not furious!
Yeah …

April 10, 2002, interview with Marvin Kalb

≈ ≈ ≈ ≈ ≈

People Who Meet People

It's helpful to me
To meet with people
Who are not people
That I normally meet.

Sept. 27, 2002, interview with ABC affiliate
WSB Channel 2, Atlanta

≈ ≈ ≈ ≈ ≈

Them

They are terrific.
If you think of —
They really are.
And I don't say that
Just because I used to be one.

March 6, 2003, Pentagon Town Hall Meeting

Das is meine Einstellung, Mann

Ich werde nicht wütend.
Nein!
Ich werd cool.
Ich werd ärgerlich!
Aber nicht wütend!
Yeah …

10. April 2002, Interview mit Marvin Kalb

≈ ≈ ≈ ≈ ≈

Leute, die Leute treffen

Für mich ist es hilfreich,
Leute zu treffen,
Die nicht Leute sind,
Die ich normalerweise treffe.

27. September 2002, Interview mit ABC/
WSB Channel 2, Atlanta

≈ ≈ ≈ ≈ ≈

Sie

Sie sind großartig.
Denken Sie nur an –
Sie sind's wirklich.
Und ich sage das nicht,
Nur weil ich mal einer war.

6. März 2003, Vollversammlung im Pentagon

I Love My Wife

I probably spend more time
With General Pete Pace
And General Dick Myers
And the chiefs of the services
And the combatant commanders
Than I do with my wife.

I'm on the phone with Tom Franks,
I would guess,
Two or three times a day.
I probably meet with him
Once every two weeks,
Including tomorrow.

Don't draw any conclusions from that.

July 29, 2002, media availability with
Norwegian Minister of Defense

Ich liebe meine Frau

Wahrscheinlich verbringe ich mehr Zeit
Mit General Pete Pace
Und General Dick Myers
Und den Chefs der Geheimdienste
Und den Kampfkommandanten
Als mit meiner Frau.

Ich telefoniere mit Tom Franks,
Schätze ich,
Zwei oder drei Mal am Tag.
Wahrscheinlich treffe ich mich mit ihm
Alle zwei Wochen,
Morgen eingeschlossen.

Ziehen Sie daraus keine Schlüsse.

29. Juli 2002, vor der Presse,
mit dem norwegischen Verteidigungsminister

Night at Camp David

We had our dinner, went to bed,
And I think he came in, and someone said,
»Do you want to go to a movie?«
I didn't want to go to a movie.
I'm not sure that was that night,
But it was one of those nights.
In any event,
That's the last thing I need, is a movie.
My whole life's a movie.

Jan. 9, 2002, interview with the Washington Post

≈ ≈ ≈ ≈ ≈

Man and Wife, Talking at Dawn

My wife Joyce is here.
Every once in a while
In the morning
As I get up about five o'clock
And get ready to take a shower
And head for the office,
She says, »Don, where is he?«
I tell her that,
If I want to bring up
Osama bin Laden,
I'll wake her up
And bring it up myself.

Feb. 20, 2002, town hall meeting at Nellis Air Force Base

Ein Abend in Camp David

Wir aßen zu Abend, gingen zu Bett,
Und ich glaube, er kam rein, und jemand sagte:
»Wollen Sie ins Kino gehen?«
Ich wollte nicht ins Kino gehen.
Ich bin nicht sicher, daß es jetzt diese Nacht war,
Aber es war eine dieser Nächte.
Jedenfalls,
Das ist das letzte, was ich brauche, ist ein Film.
Mein ganzes Leben ist ein Film.

9. Januar 2002, Interview mit der Washington Post

≈ ≈ ≈ ≈ ≈

Mann und Frau, Frühmorgengespräch

Meine Frau Joyce ist hier.
Ab und zu
am Morgen,
Wenn ich gegen fünf Uhr aufstehe
Und mich fertig mache zum Duschen,
Um dann ins Büro zu gehen,
Sagt sie: »Don, wo ist er?«
Ich sag ihr, daß,
Wenn ich von Bin Laden anfangen will,
Ich sie aufwecke
Und selbst davon anfange.

20. Februar 2002, Ansprache vor Angehörigen
der Nellis Air Force Base

The Proper Word

I ought to sit down and think about that a bit.
In fact, I think we all ought to,
If we want to serve our audiences well.
I haven't had time to do that.
What I do know is the standard words
Jangle in my head when I hear them,
And then I put them onto the subjects
        they're relating to,
And I know what's going.
And I think to myself,
»Gee, that isn't really as good a word
»as we ought to be able to find.«
And I will invest a little time on that, and -
I'm still working on English though.

Sept. 20, 2001, Department of Defense briefing

≈ ≈ ≈ ≈ ≈

Snow Truth

I am, I am,
On this subject, I am
As pure as driven snow.
I know the truth,
And truths, plural.
And there are several.
One is that,
For the most part,
People don't like.

April 18, 2002, town hall meeting
with troops at Scott Air Force Base, Ill.

≈   88   ≈

Die richtige Welt

Ich sollte mich setzen und ein wenig darüber nachdenken.
In der Tat, ich glaube, das sollten wir alle,
Wenn wir unser Publikum gut bedienen wollen.
Ich hab bislang keine Zeit dafür gehabt.
Was ich kenne, sind die Standardwörter,
Die läuten in meinem Kopf das Glöckchen,
Und ich steck sie auf die Themen,
          auf die sie sich beziehen.
Und ich weiß Bescheid.
Und ich denk bei mir:
»Mensch, das Wort ist lang nicht so gut
Wie das, das wir finden können sollten.«
Und dann nehm ich mir ein bißchen Zeit dafür, und –
Ich arbeite noch am Englischen, immerhin.

20. September 2001, Pressebriefing im Verteidigungsministerium

≈ ≈ ≈ ≈ ≈

Schneewahrheit

Ich bin, ich bin,
Ich bin bei diesem Thema
Unschuldig wie frischer Schnee.
Ich kenne die Wahrheit
Und Wahrheiten, Plural.
Und da gibt es verschiedene.
Die eine
mögen die meisten
Leute nicht.

18. April 2002, Ansprache vor Angehörigen
der Scott Air Force Base, Illinois

Not Me

I had nothing to do with
Helping Saddam Hussein
And his regime against Iran.
We had, I think, one or two meetings.
The United States then
Did provide intelligence information,
As I understand it –
But I was back in private business at the time.

Dec. 11, 2002, in Qatar

≈ ≈ ≈ ≈ ≈

Bad News Day

I'm not into the news business.
I'm into informing,
And developing,
Understanding,
Backgrounding,
And all of that.
I'm not into hard news.

June 27, 2002, interview with The Washington Times

Ich nicht

Ich hatte nichts zu tun mit der
Hilfe für Saddam Hussein
Und sein Regime gegen Iran.
Wir hatten, glaube ich, ein oder zwei Treffen.
Die Vereinigten Staaten
Beschafften dann Geheimdienstinformationen,
So wie ich ich das verstehe –
Aber zu der Zeit war ich schon wieder Geschäftsmann.

11. Dezember 2002, in Katar

≈ ≈ ≈ ≈ ≈

Tag der schlechten Nachrichten

Das Nachrichtengeschäft ist nicht meins.
Meins ist Informieren
Und Gestalten,
Verstehen,
Hintergrundvermittlung
Und sowas alles.
Ich hab's nicht mit Hard News.

27. Juni 2002, Interview mit der Washington Times

Rules

Anything that I say
That I shouldn't have
Is off the record.
I want you to
Understand that
Right now, up front.

Jan. 12, 2002, interview with the Washington Post

Regeln

Alles was ich sage,
Das ich nicht hätte sagen sollen,
Hab ich nie gesagt.
Ich möchte, daß
Sie das verstehen,
Sofort, als erstes.

12. Januar 2002, Interview mit der Washington Post

Final Poem

No, no.
No, no.
No, no.
No, no.
No, no.
No, no.
We really have to go.
We've run over 15 minutes,
I think.

Dec. 12, 2002, press conference in Qatar

Schlußgedicht

Nein, nein.
     Nein, nein.
          Nein, nein.
               Nein, nein.
                    Nein, nein,
                         Nein, nein.
Wir müssen wirklich gehen.
          Wir haben 15 Minuten überzogen,
          Glaub ich.

12. Dezember 2002, Pressekonferenz in Katar